Pro Lyr

Im Wandel verändern

Doreen Malinka

Pro Lyr

Lyrisches zu Kurzgeschichten

Bibliografische Information der Deutschen Nationalbibliothek:
Die Deutsche Nationalbibliothek verzeichnet diese Publikation in der Deutschen Nationalbibliografie; detaillierte bibliografische Daten sind im Internet über http://dnb.dnb.de abrufbar.

© 2012 Doreen Malinka

Illustration / Fotos: Doreen Malinka

Fotos auf Seite 118 und 131: Ute Szczepanski
Foto auf Seite 124: Susanne Hanik

Herstellung und Verlag: BoD – Books on Demand, Norderstedt

ISBN: 978-3-8482-5270-1

Inhaltsverzeichnis

Ein Flusskiesel versinkt	9
Ein Gedanke	10
Glimmt das Blatt	11
Der Mittagsahorn	13
Vom Werden und Vergehen	15
Im Spiegel der Erkenntnis	19
Resonanz	21
Hinauf und senken	22
Ein-, zwei-, vieldeutig?	23
Ruhelos	24
Tage dämmern ferne	25
Zu Gast	27
Unendlich …	32
Wendet sich das Blatt	37
Fensterln eines Albs	38
Anfang und Ende	40
Oh, Ahorn	41
Gezeiten der Leidenschaft	42
Zwiebeln zeigen erst	43
Außer Kontrolle	45
Entwurzelte Kontinente	49
Blassgelb färbt der Tod	50
Der Spielmann	51
Oh, Baum	53
Optimismus	54
Ein jedes Jahr	55
Ausgebremst	56
Traurigkeit	63
Schweigende Fluten	65
Nicht tierisch ernst zu nehmen	66
Zusammengewürfeltes	69
Blauschwarz und …	70
Das Grauen schreit	73
Die Suche nach Antwort	75

November	77
Es paart sich gern	78
Ferien auf Hiddensee	79
Lichtblick	86
Eine Zwiebelfrucht	88
Berührt	89
Du, mein …	91
Ich träume dein Lied	92
Morgenlaune	93
Träume schlüpfen	97
Impression	98
Die Bäume blitzen	100
Erst Istanbul und dann April	102
Ja, dann …	106
Zur Rettung der Welten	108
Von Frau zu Mann	110
Man(n) spricht anders, als Frau denkt	112
Ein Silberfaden tränkt	114
Wieviel	115
Der Rabe	116
Opfere Zorn und Angst	119
Kein Versuch bleibt ungesühnt	120
Unbekannter Schauer	123
Monumento Vittorio Emanuele II	125
Hohn und Dornen	127
Was Namen bedeuten können	128
Mit einem Wortgefieder	130
Die Metamorphose eines Fädchens	132
Die Lesung	134
Zufall - Fall(e) zu	139
Stelldichein	141
Liebesgeflüster	142
Nichts als Worte	144
Einfach unglaublich	145
Abschied	149
Ausblick	151

Mein Seelensegel
tost im Gezeitenwind
Blut rauscht mit der
Flut

zur Erinnerung
an den gemeinsamen
literarischen Abend
für Konni

Dosen Malnika

Birkholz, 22. November 2019

Ein Flusskiesel versinkt   Treiben
                          im
Wiewohl die Erinnerung   Alltag

                Sie schlingert   Girlande
                                    als
                Und endet   Illusion

Ein Gedanke

der aus der Muße entspringt
wie eine Fontäne in die Höhe schießt
im Vorzimmer des Gewölbes wipfelt
schwungvoll die Zinne durchdringt
erobert den spitzesten Gipfel ferner Paläste
um eine Audienz der Inspiration zu erheischen
als Gast bewirtet
verwöhnt und reichlich belohnt
die Zeche prellt
mit den Wolken segelt
bis er in die Fluten stürzt
um nur aus dem Strudel zu sprudeln

in Perlen – lustbar
in Kristallen – kostbar
unwiederbringlich
eingefädelt – aufgefädelt
als Geschmeide dieses Gestades
sich windend eine Schleife bindet
dem Tanze einer Luftschlange gleich
zu schillernden Prismen erhärtet
um endlos davon zu schöpfen
unerschöpflich in Reflexionen
in diesem Moment
einem stetig wiederkehrenden Jetzt

das ist die Ewigkeit

Glimmt das Blatt, entfacht
zur Lohe, übt der Teufel
seine Meisterschaft.

Der Mittagsahorn
beschattet mich im Fenster.
Niemand hält inne.

Vom Werden und Vergehen

Jonathan thronte wie ein Wonneproppen mitten in der Gesellschaft seiner Kumpane. Er vergnügte sich in seinem jungen Fleische. Ein purpurrotes Gewand, welches sich makellos an ihn schmiegte, war das unverkennbare Markenzeichen seiner Art. Es schimmerte samtig im Sonnenlicht des späten Nachmittags und betonte Jonathans stattliche Größe, die jeden einzelnen in der Runde erblassen ließ. So kurz vor dem Winter, genoss er die warme Sonne und aalte sich beflissen hin und her, um jede Stelle seines Leibes in eine Sinnesfreude zu verwandeln. Seine Mitstreiter stützten ihn, in der Furcht, er könne sie erdrücken. Allein wegen seiner knallroten Pausbacken, galt er unter den Genießern als der heißblütige Jonny. Deshalb verbrachte er wohl etliche Tage und Nächte an diesem Ort. Aber was steckte wirklich dahinter? Er wusste es nicht, nur, dass er eine Mission zu erfüllen hatte. Dieser kam er eifrig nach und setzte alles daran, so schnell wie möglich seine Reife zu vollenden. Er spürte, dass es bald so weit war, und er fragte sich: Wie wird es weiter gehen? Welchen Sinn hat das Ganze? Jonny rätselte unentwegt, ohne einer Lösung auf der Spur zu sein.

Dann erwachte er aus der Lethargie des Grübelns. Es schauderte ihm, und zum ersten Mal wurde er sich seiner Wirkung bewusst. Ihm, dem Erlesenen aus Südtirol, gebührte alle Ehre. Wozu dann diese Panik?

Unterdessen umschmeichelten ihn seine Kompagnons und rückten ihm dicht auf die Pelle, um die letzten Son-

nenstrahlen zu erhaschen. Ihre Bäuche klebten an seinem Samt wie Unterwürfige an des Königs Saum.
Jonny schüttelte sich und verdrängte jenes Unbehagen. Er reckte sich und sah über den flachen Schalenrand hinaus. Unweit, auf dem blanken Holz, erspähte er ein anmutiges Geschöpf im rosa Negligé. Es saß regungslos da. Die zarten Rundungen verwirrten ihn, und er zappelte umher. Verzückt beobachtete er das kleine Fräulein. Gerade, als er der Holden seine Aufwartung machen wollte, verspürte er rückseits einen Hieb, so dass er nach vorne überzukippen drohte.
„Jonny", flüsterte es warnend, „Jonny, lass die Finger davon."
„Wer wagt es, mich zu stören?", entrüstete er sich und blickte seitwärts nach hinten, um den Unhold zu entlarven. Verunsichert wich der Übeltäter zurück.
„Du bist es, Gala, du elende Närrin?", fauchte er wie ein Raubtier, das seine Beute zu verlieren glaubte. „Ihr Halblinge, Zeit und Platz muss ich mit euch teilen. Jetzt schreibt ihr mir vor, was ich zu tun habe?"
Gala bebte vor Angst und stammelte: „G-G-Gefahr, Jonny."
Delious trat dazwischen, tätschelte die Eingeschüchterte, um sie zu beruhigen. ‚Goldener Delicious' sei sein wahrer Name, munkelte man, und sein Stammvater sei der Schöpfer mehrerer Apfelsorten.
Auf alle Fälle zeigte sich Delious weise und als der Vernünftigste der Truppe. Forsch übernahm er das Wort und empfahl Jonny, mit Bedacht vorzugehen. Nachdenklich hielt der Purpurne inne, wandte sich ab und dachte: „Viel-

leicht ist sie, diese geheimnisvolle Schöne, der Schlüssel auf all meine Fragen?" Der Abend rückte näher und vor ihm die Dunkelheit. Beherzt sprach er die Schöne an: „He, du, wer bist du?"

Die Maid erwachte aus ihrem Schlummer, drehte sich schwungvoll dem Rufer zu und antwortete im französischen Akzent: „Isch bin die Pink Lady. Meine Vorfahren sind Australier. Isch entstamme einem Südhang bei Marseille. ... Parlez-vous français?"

Jonny schaute verblüfft drein und entgegnete: „Nein, davon habe ich noch nie gehört. Nur, was treibst du hier?"

„Isch? Isch warte, ... warte auf meinen Besitzer. Scheinbar hat er misch vergessen", klang es beinahe wehmütig in ihrer Stimme.

„Sei froh, geselle dich zu uns!"

„Oh nein! Isch habe eine Aufgabe zu erfüllen, um nischt verfaulen zu müssen."

Hoppla, die Antwort jagte Jonny einen riesigen Schreck ein. Im selben Augenblick sprang die Türe auf. Ein Knabe polterte in die Vorratskammer, stürzte sich auf die Pink Lady und rief: „Hab ich dich endlich gefunden."

Sie atmete erleichtert auf und schmachtete ihren Bewunderer an, der sie in seiner Hand wie einen Goldschatz bestaunte.

Eben noch wiegte sie sich neben der Obstschale, in der Jonny mit seiner Meute lauerte, und in der nächsten Sekunde labte sich der Bub an ihrem süßen Saft, bis nichts mehr von ihr übrig blieb. Jonathan war zutiefst bestürzt. Was hatte das zu bedeuten? Verwirrt starrte er vor sich hin und begriff allmählich den Sinn des Ganzen.

„Ein Werden und Vergehen", seufzte er missmutig. „Sonst nichts?"

Plötzlich blitzte es in seinen Augen. Er richtete sich auf und thronte wie ein Hohepriester mitten in der Gesellschaft seiner Kumpane: Es ist das Leben selbst, ihm allein, gilt es zu dienen.

Im Spiegel der Erkenntnis

sind schwarz gerahmt, in Leere gefangen,
gläsern, verschleiert, große Augen - Blicke,
die nichts reflektieren.
Sie stieren beflissen, ohne zu sinnen,
weder nach außen und weder nach innen.
Das Bildnis, aus dem Diesseits gerissen,
verharrt auf der Schwelle zur Seele.
Das Spähen beginnt nur zähe,
die Suche nach Wahrheit,
das Finden der Lüge.

***

Es sind Explosionen,
Feuer auf den Regenbögen,
die Spiralen zu Bahnen erzeugen.
Nun endlich blitzen im Largo Visionen.
Dann verblassen jene Straßen und Gassen.
Die Täuschung schleicht durch das Labyrinth,
um aufzulauern. Doch wider dem Spiele
bröckelt das Truggebilde.
Der Rahmen stürzt nieder und bricht entzwei.
Zwischen den Lidern tönt das Purpur herbei,

die Erkenntnis im Spiegel.

Resonanz

Ein Kreis.
Ein Wasserring.
Tausende von Ringen bilden sich
nur durch einen Stein,
der in den See gefallen
aus Kinderhand.

Ein Schwingen,
Beschwingen dieses Feldes.
Es absorbiert die Sonnenluft
bis in die Tiefe, Schicht um Schicht,
und zelebriert den Wechsel
Schatten - Licht.

Hinauf und senken
Kreise enden
Klitzeklein
In meiner Kinderseele
Nistet Schauer
Keim- und Zwischenzeit

Ein-, zwei-, vieldeutig?

Es war einmal ein fünfjähriger Junge, der sich vor der Wohnungstüre seiner Großmutter - in der elften Etage des Hochhauses - die Winterstiefel anzog. Denn seine Mutter und deren Mutter und ihre Tochter, also des Knaben Großmutter und Tante, welche die Schwester seiner Mutter ist, brachen zu einem gemeinsamen Spaziergang auf.
Da der Kleine im Hausflur laut umher tapste und quengelnd auf die Nachzügler wartete, bat ihn seine Tante, er könne indessen den Fahrstuhl rufen. Freudig, über die angetragene Bitte, flitzte der Knirps zu den naheliegenden Aufzügen und positionierte sich mit breit aufgestellten Beinen davor, stemmte die Hände in die Hüften und schrie kraftvoll: „Fahr ... stuhl!"

Ruhelos

Das Getöse von den Glocken,
ein Geläut der schrillen Art.
Zuck zusammen, bin erschrocken,
dieses Lärmen stört mich arg.

Wende mich mit meinen Ohren
tief hinein bis in mein Mark.
Geht der Schlaf mir jetzt verloren?,
bange ich, die Nacht war karg.

Viel zu kurz, um Weh zu klagen.
Die Gedanken schalten aus.
Höre in mir leise sagen:
Schlafe ruhig, so schlaf dich aus.

Und es tönt mir, fernes Locken:
Komm doch, stehe endlich auf!
Sind es hier die Kirchenglocken?,
kreiselt ´s in mir wirr hinauf.

Wälze mich im Für und Wider,
nah die Ohnmacht an zu seh ´n.
Spüre kaum noch Leib und Glieder.
Ist es Zeit jetzt auf zu steh ´n?

Weder Glocken noch der Morgen
feinden mich in meiner Rast.
Ich ergründe klar die Sorgen,
die ich trage schwer als Last.

Um die Not nun zu beenden,
dulde ich nicht mehr die Pein.
Dieses Blatt vermag zu wenden:
Ich, nur ich, ich ganz allein.

Tage dämmern ferne
Beschwingte Töne
Reichlich in Musik
Lichter Dunst als Wunder

Zu Gast
(frei nach einer wahren Begebenheit)

Eine laue Landbrise zieht durch die Dunkelheit der Mark Brandenburg und führt den süßlichen Duft der Hagebuttenröschen und des Jasmins mit sich. Sie bettet ihn auf den perlenden Wiesentau, die Freitreppe und Terrasse, Fenstersimse und Türschwellen und auf das imposante Barockdach des Altruppiner Lehnschlosses. Während der Erdtrabant seine Bahn entlang wandert, beobachtet er mit einem Auge das schlummernde Gestade, und mit dem anderen bewundert er sein Lächeln im Spiegelrund des angrenzenden Waldsees. Nichts entgeht ihm. Sein Blick ist auf Mona gerichtet, die aus ihrer Ferienunterkunft, dem seitlichen Queranbau, in Richtung Wasser stürmt. Schweigsam deutet er auf das durchnässte Flatterhemd, welches sich an ihren Körper schmiegt. Ihren Pony streicht sie sich aus der feuchten Stirn, ins Haar nach hinten, das gelbsilbern schimmert, so wie der Himmelswächter selbst und die Gestirne neben und in der milchigen Flur des Alls. Aufmerksam mustert er ihre weit aufgerissenen Augen, die über den Pfuhl starren. Eine Wolkenschwade verdeckt des Wächters Sicht. Er aber senkt seine Lider und schielt auf ihre Füße, die nun auf dem Stegholz verharren und wie angenagelt wirken. Eilig scheucht der Wind die Wolke davon, bis der Lichtjongleur nur noch Monas Silhouette umspielen kann. Sie hat sich vom Steg abgewandt. Im geschützten Schilfufer blickt sie ins Sternengewölbe, in der Hoffnung, ihre innere Ruhe wieder zu finden. Dabei erspäht sie den ‚Großen Wagen', der vom Horizont hinunter zu rollen scheint, bedrohlich und harmlos zugleich, als wolle er mit seinen zügellosen Zügeln die junge Frau verjagen und sie mit seinem Schweif, zu der ersehnten Ruhe einladen.

Mona läuft zurück, und der Mond weist ihr den Weg. Sie verlangsamt und bestaunt ihren Begleiter, dessen Klarheit ihr Gemüt erhellt. Faszination und Frohsinn durchströmen sie. Leichtfüßig tritt sie in den Schlossgarten, in dem Nachtschwärmer vom Wiesenklee trinken. Der saftgrüne Samt erstreckt sich wie ein Tafeltuch mit weißen Margeriten- und Rosenblüten. Sie schlendert, dreht sich, schnuppert an den Blumen und spaziert an den Lavendel- und Rosmarinrabatten vorbei bis zu den mannshohen Zierhecken, aus denen das Mitternachtszirpen der Grillen tönt. Es lockt sie, und sie durchstreift ein Labyrinth, das an einem dicht berankten Efeutor endet. Entschlossen schreitet sie hindurch und vor ihr breitet sich ein wild wachsendes Gräserparadies aus, das an ein Weideland erinnert. Vom Weiten entdeckt sie Liegestühle, die unter einer Lärche ruhen. Begierig folgt sie einem starken Verlangen, auf diesem Erdflecken umherzuwandeln.

Sie lümmelt sich in den vordersten der beiden Stühle, die fast aneinander kleben, als wären sie ein unzertrennliches Paar. Mona schmunzelt und flüstert ironisch, als säße der Hausherr neben ihr: „Gestatten Sie, Herr von Boisenberg, Ihre Gemahlin ist wieder einmal unpässlich. Sie müssen wohl mit mir vorlieb nehmen."

Dann schwelgt sie, wiegt sich in dem Linnen und ihre Sinne in den Ästen und Wipfeln des Lärchenbaumes.

Plötzlich sieht sie seltsame Schatten darin. Eine heftige Böe umwirbelt den Stamm. Zapfen purzeln hinab. Es säuselt und heult in den Zweigen, es knistert und kratzt im Unterholz der Holunderbüsche. Sogleich drängt sich in Mona das kürzlich Erlebte empor; es durchbebt sie erneut, dass es sie schaudert. Ihre Hände umklammern die Armlehnen, sie atmet hastig, röchelt, sie bäumt sich auf, wie jenes Pferdegespann in ihrem Schlafzimmer, das wiehernd mit den Hufen ausschlug, im Zorne die Nüstern blähte und ungestüm von Wand zu Wand galoppierte, bis sie endlich fliehen konnte.

Die verwitterte Schlossfassade mit ihrer Terrasse leuchtet pastellfarben im Lichtspiel der Morgensonne und gleicht einem impressionistischen Gemälde. Mona hat längst ihren Platz am reich gedeckten Tisch eingenommen und labt sich an einem Frühstücksei. Verträumt schaut sie zum Seeidyll, bis sich der alte Boisenberg höflich räuspert: „Ist alles zu ihrer Zufriedenheit, Fräulein Mona?"
„Danke, ja."
„Kann ich noch etwas für Sie tun?"
„Nein, … danke."
Sie überlegt, als sich ihr Gastgeber entfernt. Schließlich ändert sie ihre Meinung und ruft: „Ach, bitte …"
Sofort bremst er ab: „Doch noch etwas?"
„Ja, … ich hätte da eine Frage."
„Nur zu."
„In meinem Zimmer … diese Nacht … preschten …"

Mona hält inne, sortiert die Gedanken und fragt: „Was ist so Furchtbares auf diesem Gut geschehen?"
Der Alte stutzt und erbleicht; er zittert und zeigt auf den Querflügel des Anwesens: „Dort, wo Sie untergebracht sind, standen früher die Ställe."
Seine Stimme vibriert. „Heute … auf den Tag genau … "
Er stockt.
Mona sitzt erschrocken als auch gebannt da. Entgeistert nickt sie dem Mann ins Gesicht, dessen Worte sich über die Lippen schleppen: „Eine Granate … des Nachts … meine Frau … samt Pferden …"
Er verstummt, schüttelt sein weißes Haupt und wischt sich eine Träne von der Wange.

Unendlich …

Ein Blatt.
Ein grünes Blatt.
Ein Ginkgoblatt.

Ich konnt´s nicht lassen,
musst´ es fassen.
Vom Bodenstaub
hob ich es auf.

Ich hielt es lang
in meiner Hand
als ich da stand
vor dieser Wand.

Aus Stein.
Aus rotem Stein.
Aus Ziegelstein.

Kein Ginkgobaum
noch Gartenzaun,
nur eine Taube
vor der Laube,

auch keine Linden
konnt´ ich finden.
Ich sah die Tür,
trat mit Gespür,

die Sicht
auf Vorsicht
und die Nachsicht,

in diese Kate.
Und nun errate,
was ich dort fand
auf feinem Sand.

Im Innern stand
nur diese Wand,
ein Glitzern weiß
wie Schnee auf Eis.

Ein Land.
Ein weites Land.
Ein Niemandsland.

Ein Wirbel zog
herbei und sog
sich mit Gelüste
durch die Wüste.

Abrupt schrie ich,
ganz fürchterlich.
Ein Messerstich,
der bohrte sich

in meinen Bauch,
den Oberbauch,
der Magengrube,

zum Wundmal - tief.
Der Schweiß mir lief;
er wusch mich glatt
und auch das Blatt.

Von seinem Stiel
ein Tropfen fiel,
und er verschwand
im Zuckersand

auf immer
nimmer - nimmer
Wiedersehen.

Ich wollt´ zurück
zu meinem Glück
durch diese Wand,
die einst hier stand.

Sie war verschollen.
Donnergrollen.
Ich lief vor Schreck
sprachlos hinweg

ins Land,
ins weite Land,
ins Niemandsland

mit diesem Blatt.
Ich hatt es satt
und bracht ´s zu Fall.
Ein Widerhall.

Ein greller Schall
im Weltenall
erstaunte mich
im Sternenlicht.

Ein Blick.
Ein scharfer Blick.
Dem Augenblick

vertraut ich nicht.
Es reihte sich
in Stämmen auf,
im Feuerlauf,

ein Riesenwald.
Er schien uralt,
der Blätter viel.
War ich am Ziel?

Ein Land.
Ein grünes Land.
Ein Ginkgoland.

**Und endlich
entwand ich mich
dem Surreal.**

Wendet sich das Blatt,
      hinterlässt es eine Spur.
            Dem Schicksal zu Fall?

FensterIn
eines Albs

Ein Welken sehe ich im Fenster.
Und ich frage dich:
Sommer, du, wo sind deine Sporen?
Hast du sie
bei den drei Nornen,
den urigen Weibern verloren?

Als Herbstalb behockst du mein Fenster
in karmingoldenen Lettern
tropfen die Sonnenstrahlen
benetzen mit fallenden Blättern
die Erde – schwarzbraune - Schalen
von Eicheln, Nüssen und Kastanien.

Du, Gauner, du lockst mich ans Fenster.
Und ich frage dich:
Was soll bloß aus uns beiden werden?
Mit Raunen,
lüsternen Küssen,
willst du so meine Gunst erwerben?

Du, Zaungast, deine Kunst in Airbrush
berührt meinen Schopf im Wehen.
Elegien atmen aus Amphoren,
färben mich bis zu den Zehen.
Dann blitzt dir aus blauen Toren
der Blick meiner Seele entgegen.

Der Abschied tröstet mich im Fenster.
Und ich schluchze laut:
Oh, Farbenpracht, bist du gestorben?
Ein Lächeln,
ein müdes letztes,
es schickt mir die Bleiche am Morgen.

Es springt der Eistod an mein Fenster
mit zitternden Gebeinen.
Sein maskenhaft düstres Gesicht
verhaucht zu Stein an den Scheiben.
Augen funkeln - Schwarzsilberlicht
wie polierter Stahl ohne Leben.

Skelett, du erwärmst dich am Fenster.
Und ich schreie Hass:
Geh, verschwinde, Grauen des Wartens!
Sehn ich mich
doch nach den Samen
eines zartrosa Zaubergartens.

Elfen erblühen im Fenster.

Anfang und Ende
davor – dazwischen - danach
duften die Rosen.

Oh, Ahorn
Juli 2011

Oh, Ahorn, du lächelst
und winkst mir zwinkernd zu.
Dann schüttelst du,
nein, nicht den Staub,
die feinen Perlen, die dich nässen,
gar lässig aus dem Blattwerk nur.

Mein Blick verharrt an dir
am dunkelgrünen Leibe.
Dazwischen ist, zum Schutze mir,
die Fenster-Regenscheibe.

Du, Ahorn, spottest mir?
Labst dich des Nachts und Tages,
ertrinkst beinah am Gänsewein
des Göttersaufgelages.
Mich dürstet´s auch,
doch nur nach Juli-Sonnenschein.

Gezeiten
der Leidenschaft

In Meereswogen zerfließt der Himmel
wie Lavabäche, die Pech durchdringen.
Ein Teppichfeuer - schier undurchsichtig,
verbirgt das Geheimnis der Finsternis.

Es strömt stete und wispert mit dem Wind
und stößt sich an steinsandigen Ufern.
Während Luna nackt ins Gewebte sinkt,
paart sich ihr Glanz mit erhabener Kühle.

Vom Bade beschwipst, entsteigt sie dem Flor,
betritt flink die unsichtbaren Stufen.
Auf gleißenden Kufen, ihrem Gewand,
hebt sie sich empor - wie aufgezogen.

Sie schaukelt mondän, gleichsam galant,
fern oben am Zirkussternenaltar,
bis der blutende Morgen, ihr Erzgemahl,
sie in seiner Leidenschaft ertrinken lässt.

Zwiebeln zeigen erst
ihre nackte Haut, sobald
sie in Schale sind.

Außer Kontrolle

„Nein, es ist nicht so, wie du denkst."
„Na, wenn du wüsstest, was ich denke", murmelte ich und musterte den Mittdreißiger auf dem Sonnendeck neben mir im Liegestuhl. Seit einer halben Stunde lümmelte er im eleganten Aufzug darin. Mich kleidete ein Morgenmantel über der Nachtwäsche. Sein kurzes schwarzes Haar triefte vor Gel und kaschierte die grauen Schläfen; ich hingegen hatte meine Fuchsmähne flüchtig gebürstet. Er plapperte unentwegt, schnalzte und schnarrte ins Telefon wie ein Grammophon in den Tanzsaal. Dass es überhaupt eine Funkverbindung gab, verwunderte mich; ebenso, dass ich zu dieser Stunde nicht ungestört war. Indessen winkte der Mond ein letztes Mal und lud zum Abschied seinen Gefährten ein, die Himmelsbühne zu betreten. Und ich? Ich meckerte leise vor mich hin. „ ... eine Unverschämtheit, der benimmt sich, als wäre es sein Dampfer. Was der sich einbildet. Pah, schließlich war ich zuerst hier."

Der Morgen hatte bereits sein feuerrotes Gewand angelegt, dessen Schleppe sich über den Meeresspiegel erstreckte. Sofort vergaß ich Lärm und Groll. Ich versetzte mich in ein Amphitheater und schwelgte in den Lichtreflexionen des Feuerballs. Der Ozean glich einem türkisfarbenen Paillettenteppich, der den Horizont in der Strahlenflut wiegte. Abrupt holte mich ein gellendes Lachen ins Diesseits. Das kann ja heiter werden, dachte ich. Meine Blicke schweiften über die Terrasse. Aneinandergereihte

Liegestühle lauerten am Beckenrand des Schwimmbads wie hungrige Robbenmäuler auf ihre Nahrung, und ich lauerte ebenfalls; es dürstete mich nach der Stille, um dem Raunen des Pazifiks lauschen zu können.
„Einmal im Jahr muss das sein!", trompetete er.
Was auch immer sein muss, ich musste dem Spektakel ein Ende setzen.
„Zum Donnerwetter, jetzt reicht ´s!", schnauzte ich ihn an.
Er aber legte den Zeigefinger auf seinen Mund und deutete: „Pssssst!"
Nein, das sprengte den Zenit. „Telefonieren Sie gefälligst in Ihrer Kajüte, Sie ungehobel..."
Ich stockte, indessen er mit der Hand das Telefon bedeckte.
„Ach, sieh mal einer an, ... Sie wünschen ungestört zu sein?"
„Ist ja schon gut, beruhigen Sie sich doch, junge Frau."
„Von wegen beruhigen ... Ruhig sollten Sie sein... Und gut ... ist hier schon gar nichts!"
Ohne ein Wort platzierte er sich fernab an einem der runden Casinotische. Dann schloss ich die Augen, sank ins Polster und stöhnte: „Endlich!"
Leider entpuppte sich das Endlich als ein Trugschluss.
„Wie, nicht angekommen?", johlte er.
„Ich schon!", schrie ich und stürmte über das Deck.
Erschrocken manövrierte sich der Kerl samt seines Stuhles gegen den hinteren Tisch, der ihn auffing. Sofort entriss ich ihm das Handy, schleuderte es ins Schwimmbecken und höhnte: „Turteln Sie doch unter Wasser weiter!"

Er starrte mich an, und ehe er antworten konnte, flüchtete ich in meine Kabine.

Die morgendliche Auseinandersetzung saß mir mächtig im Nacken. ‚Das gibt sicherlich ein Nachspiel', seufzte ich. Zudem kreisten meine Gedanken um das heutige Bankett des Kapitäns Olaf Hansen. Ich war eingeladen. Sollte ich teilnehmen? Ab-len-kung, Jule, die täte dir bestimmt gut, durchdrang es mich, als ich die Abendrobe auf dem Bett ausbreitete. Kurzum, ich schlüpfte in die smaragdgrüne Seide, vollendete die Hochsteckfrisur mit dem Brillantdiadem meiner Urgroßmutter und stürzte mich mit roten Stöckelschuhen und Täschchen ins Vergnügen.

Die Abendgesellschaft erstrahlte im Kerzenfieber. Silberne Leuchter, stilvolle Gläser und Bestecke zierten die lange Tafel. Stuarts schenkten Champagner zum sanften Klang des Piano aus, und ich erschien gerade rechtzeitig, denn ein einziger Platz zu meiner linken Seite war noch unbelegt.

„Dieser ist für den Kapitän", tuschelte eine der Tischdamen. Die Stimmung stieg wie die Oktaven der Jazzsängerin.

Plötzlich betrat ein in weiß uniformierter Mann mit Hut den Festsaal und schritt zu jenem Platz. Freundlich begrüßte er die Gäste und eröffnete das Buffet, bis er mir einen finsteren Blick zuwarf. Er nahm seinen Hut ab und flüsterte: „Sie schulden mir etwas, Madame!"

„Siiieee?", stieß ich verblüfft aus. „Alles, was Sie wollen", sprudelte es über meine Lippen.
„Nur ein Abendessen, Madame, ... Sie und ich", hauchte er und lächelte geheimnisvoll.

Entwurzelte Kontinente.
Ordnung drängt.
Schmerz Gleichgesinnter.
Metrum als Kalender,
alt und zäh.
Einheit,
steige hinan!

Blassgelb färbt der Tod
das Blattwerk, wenn ´s mit ihm geht.
Die Demut tobt still.

Der Spielmann

Ich sitz dort, und ich sitz hier,
klimpre dazu am Klavier.
Ich spiel Cello sowie Bratsche
auf den Tasten bin ich large.
Zupf den Bass dicht neben mir
und die Harfe mit Begier.
Die Posaune kann ich blasen,
so dass alle Leute rasen.

Gleich ein Solo auf dem Flügel.
Ach, wo ist mein Geigenbügel?
Dieser glitt mir aus der Hand.
Das ist gar nicht elegant.
Keine Saite kann ich streichen.
Dem Entsetzen muss ich weichen.

Weile auf der Bühne noch,
steige eine Leiter hoch.
Dabei kann ich's nimmer fassen:
Döse ich am Klimperkasten?
Was ist nur mit mir gescheh´n?
Will nicht von den Brettern geh´n.

Bald bemerk ich es, oh, Schreck,
trägt mich eine Bahre weg.
Selbst das Publikum ist fort
ohne Beifall und ein Wort.
Und ich rutsche von der Leiter,
spiele fleißig, stetig weiter
meine Lieder, Parodien,
um dem Tode zu entflieh'n?

Oh, Baum,
unbändig beweglich
tragen deine Wurzeln mich,
deinen Mieter,
das Alter.

Optimismus
oder
Die Ironie der Sprache

Ob einundsechzig oder dreißig,
ob fünfzehn oder acht,
sogar das erste Jahr im Leben
hat schon das Kleinkind alt gemacht.
Es wächst der Mensch, und es gedeiht
im Sprechen stets das eine Wort.
Das Alter nähme seit Beginn
das Recht auf seine Jugend fort.

Im *Alter* steckt die Silbe *alt*.
Ein Adjektiv. Ach, halb so wild.
Ist unser Denken programmiert?

Es schafft ein trügerisches Bild,
in dem wir unser Dasein fristen.
Der Mensch ergibt sich dieser Welt.

Er klammert an dem Opferschild.
Der Tod ist auf Termin bestellt
und wichtig für das Altersgeld.

Was der Verstand zudem vermag,
ist simpel und zugleich genial.
Bewusstheit hebt sich aus der Masse.
Der Mensch hat immer eine Wahl.
Der Geist der Sprache triebe Handel
mit der Erkenntnis und dem Wandel.
Selbst *Jungsein* in der Reifeklasse
entpuppte sich als *Stinknormal*.

Ein jedes Jahr
Der gleiche Reigen

Der Wind pfeift stark
Durch hohe Kronen
Harrt in den Zweigen
Deren Roben
Emsig wehen
Sie fall´n zu Boden

Mit Gebärden

Und kreiseln sich
auf diesen Erden
Im Scharlachglanz
Kokett und toll
Vom Walzertanz
Ins Rock´n Roll

Ein jedes Jahr
Das gleiche Scheiden

Ausgebremst

Lena nippt an dem zuckrigen Milchschaum ihres Cappuccinos und umspielt mit der Zungenspitze den Tassenrand. Sie kokettiert mit ihrem Liebsten, der zum Frühstück Haferflockensuppe löffelt. Seine Mähne reicht fast bis zum Teller, deren Haarspitzen wie messingfarbene Korkenzieher auf und ab wippen. Lutz versinkt in Lenas Augen, sobald sie ihren Kirschmund spitzt und ihm einen Kuss zuschnalzt. Plötzlich besinnt sich der Liebestrunkene und schaut zur Uhr, die auf dem Küchenbuffet unbeirrt ihren Takt schlägt.

„Was, halb acht schon?"

Lutz zieht einen Flunsch: „Oje, ich muss."

„Schon?"

„Ja, leider."

„Da kann man nichts machen", grient Lena, umklammert mit den Armen ihre nackten Beine und schunkelt wie ein Schulmädchen auf der Stuhlfläche hin und her.

„Bist du zum Knuddeln, ... die blonden Zöpfe ... und deine Beine, ... hmm, einfach zum Anbeißen."

Lutz lockert die Krawatte und öffnet den Kragen seines Hemdes. Zwar müsste er längst unterwegs ins Büro sein, doch das kann jetzt warten.

„So 'n halbes Stündchen wär´ ja eigentlich drin."

„Meinst wirklich?"

Ohne zu antworten, pirscht er sich wie ein Wolf an die ersehnte Beute, tätschelt und streichelt ihre Schenkel.

„Engelchen, heiß bist du wieder."

Ihre Mundwinkel zucken in die Höhe, dass sich neckische Grübchen auf den Wangen bilden. Sie beugt sich über ihn, schließt die Augen und inhaliert den erdigen Duft seines Rasierwassers. Und ehe sie sich versieht, küsst er sie stürmisch. Lena ringt nach Luft und japst: „Kaffee?"

„Wenn du noch hast?"

Sie springt auf und bringt den Wasserkocher in Gang.

Da steht sie nun, die Angebetete, ihrem Isegrim rückgewandt, und er begehrt sie mehr als je zuvor. Er lauert und beobachtet ihr Tun. Kaum hat sie den Kaffee serviert, packt er sie an den Hüften und säuselt: „Komm Engelchen, ich will dich!"

„Nich doch", ziert sie sich, liebkost flüchtig seine Wange und huscht zu ihrem Sitzplatz.

„Du bist ja wieder drauf. … Und wohin jetzt mit meiner Lust?"

„Weiß nich, … kann nich. Weißt du?"

„Weeiißt duu?", äfft er sie nach und blafft: „Nein, ich weiß nicht, … nur, dass du mich ständig abwimmelst."

„War'n doch die ganze Nacht beisammen. Was willst du mehr? Außerdem … hab's eilig, … Termin beim Arzt, … muss mich fertig machen."

Seine Miene verfinstert sich: „Das sagst du mir erst jetzt?"

„Hab's dir gestern gesagt. Und überhaupt, wolltest schon längst weg sein", kontert sie und verschwindet ins Bad.

Der Verschmähte grollt vor sich hin: „Von wegen fertig machen. Pah! … Mal seh'n, wer wen fertig macht?"

Er folgt ihr ins Badezimmer. Und als er sie erblickt, entflammt er aufs Neue. Verwegen jagt er an der Duschwanne vorbei, rutscht über den nassen Fliesenspiegel und landet auf dem Rücken wie ein hilfloser Käfer.

Lena kichert: „Komm schon, steh auf!"

Lutz rührt sich nicht.

Misstrauisch neigt sie sich über ihn: „Lutz?"

Keine Reaktion.

„Was soll das? Hör auf mit dem Blödsinn!"

Sie rüttelt ihn, doch er regt sich nicht und scheinbar nichts in ihm.

***

„Oh bitte, kommen Sie, schnell! Mein Freund ist gestürzt", jammert Lena ins Telefon. Nervös nestelt sie an dem Badetuch, welches ihren Körper nach und nach entblößt.

„Ob er atmet? Keine Ahnung. Bitte, beeilen Sie sich!"

„Immer mit der Ruhe, junge Frau, erst mal brauch ick Ihren Namen."

„Blum, Lena Blum."

„Name det Jestürzten?"

„Lutz Frobel."

„Welche Straße?"

Lena verharrt; sie vernimmt ein leises Schniefen hinter sich.

„Lutz?", ruft sie und dreht sich zur Seite. Eine Hand schnellt über ihre Schulter und presst sich auf ihren Mund. Eine zweite grapscht nach ihrer Taille und zerrt Lena durch den Korridor.

„Hilfe", bläkt sie in den Lederhandschuh, und der Diensthabende der Feuerwehr gellt ins Telefon, „Welche Straße? Hallo, sind Se noch dran?"

Lena entgleitet das Handy. Es zerschellt auf dem Granit. Sie strampelt und wehrt sich, während sie ins Schlafzimmer geschleppt und wie eine Marionette aufs Bett geschleudert wird. Ihre Nacktheit erinnert an eine Renaissancefigur, deren Haut wie Alabaster schimmert. Sofort rafft sie sich auf und taxiert die athletische Gestalt, die Kleidung und Sturmmaske eines Ninjakämpfers trägt. Dann zieht der Maskierte eine Pistole aus dem Brustholster und hält sie Lena ans Kinn. Sie schreckt zurück, krallt nach einem Kissen und bedeckt ihren Leib.

„Wer sind Sie, was woll´n Sie? Die Feuerwehr ist gleich hier."

Er aber wirft karminrote Tüllspitze auf ihren Schoß und krächzt: „Anziehen! Wird´s bald!"

Ihre Knie schlottern. Zögerlich breitet sie das Kleidungsstück aus und klettert wie eine Greisin von der Matratze.

Die Reizwäsche kratzt auf der Haut und dünstet eine käsig süßschwülstige Duftnote aus. Lena fröstelt es und kneift die Augenlider zusammen, weil sich die Übelkeit in ihrem Magen windet. ‚Nur raus hier', denkt sie und stürmt zur Tür. Der Fremde versperrt den Fluchtweg und drischt mit der Waffe auf sie ein. Reflexartig krümmt sie sich; sie kauert wie ein Bündel zu seinen Füßen und schützt den Kopf unter ihren Armen.

„Aufhören! Bitte, hören Sie auf."

„Halts Maul!", keift er und holt ein zartes Stoffknäuel aus der Hosentasche, an dem er erregt schnüffelt und ihr dann entgegen pfeffert.

„Los, zieh die an!"

„Rote Strümpfe?"

„Blondchen, die machen erst alles perfekt", geifert er und fuchtelt mit dem Pistolenkopf auf ihrem Dekolleté umher. Er atmet schwer und sie hastig. Sie wagt es, ihm auszuweichen. Doch er schubst und schlägt sie, dass sie flehend zu Boden geht und ihrem Schmerz erliegt.

„Dawai, dawai, elende Hure!", peitscht er sie hoch. Lena zittert, ihre Knochen sind bleiern, der Kopf dröhnt, und ihre Augen sprühen Hass. Sie setzt sich auf das Fußende des Bettes. Folgsam, dennoch zaudernd streift sie sich das zu enge Nylon über die Beine und richtet die Nähte. Indessen stiert er auf ihre Schenkel: „Zieh die höher, mach schon! ... So quillt das Fleisch mehr hervor."

Tränen benetzen ihre Bleiche, und er lacht, umschlingt ihren Hals mit einem rosaroten Seidenschal und scheucht sie in die Mitte des Zimmers. Sie hustet und fasst nach dem Tuch. Und bevor sie begreifen kann, steckt der Pistolenlauf in ihrem Mund. Ihr Atem stockt, sie verkrampft, röchelt und hebt die Hände. Erst jetzt lässt er von ihr ab und führt sie im Kreise, angeleint, wie eine Stute zur Dressur.

„Komm, mein braves Mädchen! ... Galopp! ... Klasse, so kenne ich dich."

Lena stutzt: „Woher?"

„Na, das willst wohl wissen? … Das Flittchen und der Hurenbock …", jault er auf. „Na, woher schon? … Vom Picknick, blöde Schlampe!"
Funkstille wabert durch den Raum und durchdringt Lenas Gedanken, dass sie ihren Puls in den Schläfen hämmern hört.
„Na, bimmelt ´s bei dir? … Wäre zu gern an seiner Stelle gewesen."
„Vor drei Wochen … auf der Aue im Stadtpark", prustet sie entgeistert und schlussfolgert, „Sie beobachten uns! Was woll´n Sie?"
„Na, was wohl?"
„Lutz! … Bitte, hilf mir! … Lu – u - utz!"
„Was blökst du? Der kann dir nicht helfen, der ist hinüber."
„Was haben Sie ihm angetan?"
„Ich? … Dafür hat er selbst gesorgt, dieser Idiot."
Sie will schreien, davon rennen, aber sie keucht nur ein klägliches „Nein, bitte!", während sie rückwärts stolpert und gegen den Kleiderschrank rasselt. Er strafft den Schal, nähert sich ihr, schiebt die Sturmmaske bis oberhalb seiner Mundpartie und züngelt an ihren Lippen. Verzweifelt fingert sie nach der Schlinge.
„Wirst du wohl", drillt er sie. Seine Stimme knarzt wie eine brüchige Holzdiele.
Lena ist außer sich. Nur eine List kann diesen Widerling von seinem Vorhaben abbringen. Sie beruhigt sich, lockt ihn mit einem betörenden „Ich-will-dich-Lächeln", räkelt und wiegt ihren Körper wie eine Königskobra während des Paarungstanzes. Dazu blickt sie ihren Peiniger tief in

die Augen, mit dem Ziel, Zeit zu gewinnen, um sich seinen Fängen zu entreißen. Sie hüllt ihn in Wohlgefallen, indem sie ihre Hände über seinen Bauch bis zu den Lenden gleiten lässt. Dabei stöhnt sie gekonnt und fragt: „Wie bist du eigentlich ins Haus gekommen?"

„Durch die Tür, Baby, was sonst", grinst er breit und richtet seine Waffe auf ihre Stirn: „Los, du Miststück, runter mit dir! ... Gesicht zum Boden!"

Gerade noch wähnte sie sich in Sicherheit, und im nächsten Moment hatte er sie durchschaut.

Er verschnürt sie mit Ungeduld, dennoch sorgfältig wie ein Geschenkpaket, frei für den einzigartigen Gebrauch. Geschickt führt er die Schalenden vom Hals über den Rücken und verknotet diese mit ihren Handgelenken. Obendrein knebelt er sie mit einem Slip, den er früh am Morgen aus ihrer Waschküche entwendet hatte.

„Die Kellertür!", blitzt es in Lena auf, bis Panik ihr Gemüt gänzlich erfasst. Lena wälzt sich auf dem Teppich, und ihre Schreie verebben im Knebel. Der metallene Klang seiner Gürtelschnalle scheppert in ihren Ohren und dann: Ein Hieb, ... schwer und dumpf. Sie erstarrt, traut ihren Sinnen nicht: Der Kerl sackt neben ihr nieder und unweit, mit dem Schürhaken bewaffnet, steht Lutz. Sofort lässt er die Stange fallen und befreit seine Liebste aus dieser Lage. Behutsam trägt er sie hinaus, durch den Flur ins Wohnzimmer und bettet sie auf dem Sofa. Er tröstet sie in seinen Armen; sie weinen, beide, leise, bis er wispert: „Bitte, verzeih mir, Engelchen, ... ich war doch nur kurz..." Abrupt hält er inne: Vor der Haustür heult das Martinshorn der Feuerwehr.

Traurigkeit.
Keine Umarmung.
Schwere erobert dieses Gefängnis.
Auch durch Mauern schlägt die Liebe ihr Heil.

Schweigende Flut
Öffnet sie die Lippen
Braust sie kalt voraus
Vertriebenes Land
Vertriebene Welten?

Nicht tierisch ernst zu nehmen

Ein Löwe sucht im tiefsten Eise
das Steppengras auf seiner Reise.
Ihn grüßt die Möwe mit Gelärme
beim Starte in die Tropenwärme.

Allda des Bodens Wasser rar,
die Sonne kocht den Himmel gar,
und im Vorbeiflug keucht die Schar
von Reihern und ein Storchenpaar.

Inzwischen murrt der müde Löwe:
„Kein Beutefang in dieser Öde."
Verdrießlich schlittert er umher,
und während dessen lacht der Bär

auf einer Scholle gar nicht weit,
im Schlepptau bang die Robbe weilt.
Mit Stolz zeigt Meister Petz sein Mahl.
Dem Leo wird erst heiß, dann fahl.

Er brüllt gewaltig, um zu sagen:
„Und mir knurrt ebenso der Magen.
Beim Jagen hab ich mich verirrt
ins Reich der Kälte, die hier klirrt."

Fernab vom Meer die Möwe klagt.
Der Staub der Wüste an ihr nagt.
Drum zieht sie mit dem Buntgefieder.
Sie schnattern, singen Regenlieder

gemeinsam in der Trockenzeit.
Und auf dem Wege im Geleit
gähnt nachts die Möwe im Spalier
geschützt im Baum vor fremder Gier.

Die Möwe hie. Der Löwe dort.
Gibt es denn einen bess´ren Ort?
Im Klima-sch-wandel, Tag für Tag,
verrückt wie es auch klingen mag,

verändert sich die Welt der Tiere.
Was aber bleibt, ist die Satire.
Es lebt der Löwe nun als Zar
in Eis und Schnee am Nordpolar.

Die Möwe avanciert zum Star,
das Phänomen - noch selten zwar,
in Afrika, dem Sonnenland,
am tropisch heißen Kongostrand.

Zusammengewürfeltes

Kalenderleiche
Kerkerhemd
Morgenzweifel
Wilde Kühe
Seligtreiben
Dank dem Fang

Blauschwarz und …

Lautes Surren
um meine Nase.
Es schwirrt davon,
gar in Ekstase.

Zur Dämmerung
ein schwarzer Brummer.
Er riss mich aus
dem Abendschlummer.

Ich schelte mich
mit einer Schelle,
denn das Insekt
rückt auf die Pelle.

Ich springe auf
von meiner Couch.
Mit der Gazette
schlag ich: Autsch!

Hab es getroffen!
Die Scheibe ist groß
und wie besoffen
taumelt es los.

Dort auf dem Simse
schwankt es im Kreise.
Ich schlage feste,
schon ist es leise.

Nanu, wo ist´s?
Hab´s eben geseh´n,
hinter der Vase,
den Orchideen?

Freches Getier,
du hast dich erholt.
Brennst du jetzt durch
in zehntausend Volt?

Fußen sechs Beine
am Lampenglas,
Pupillen verdreht.
Was soll denn das?

In meinem Kopf
erhellt sich ein Licht:
Kippschalter hoch,
mein Ärger erlischt.

Es blitzt und zischt,
ich kichre ins Fäustchen.
Der Draht, er verglüht,
Kurzschluss im Häuschen!

Nun steh ich hier,
plötzlich im Dunkeln,
lautes Gesurr
im Mondesfunkeln.

Ein Fliegenschmiss
auf meiner Nase.
Ich schreie auf
und bin in Rage.

Wild fuchtle ich
um mich herum:
Du, kleines Viech,
schaltest auf stumm?

Ich klatsch die Hand
gegen die Stirn:
Fehlt doch der Schein
vom Kerzenzwirn.

Den Docht entzündet,
ich suche erpicht
auf Wand und Boden
den Fliegerich …

… in allen Räumen,
auch Küche und Bad.
Der Spiegel bezeugt´s,
mir wird es ganz fad:

An meiner Stirn,
platt im Getriebe,
pappt diese dicke
blauschwarze Fliege.

Da   Grauen schreit seinen Namen …
   s   dem Irrsinn entgegen.
E   lächelt jenseits die Erkenntnis …

Die Suche nach Antwort

Ist das die Wirklichkeit? Oh, sprich!
Das Edelweiß geht auf den Strich?
Der Deiwel bietet weise feil
sich im kaputten Seelenheil?

Ist das gerecht? Antworte mir!
Mit Ruhm und Macht belohnt sich Gier?
Denn was der Eine hat zu viel,
ist das die Not im Gegenspiel?

Bedeutet Tugend mehr als rein?
Erleuchtet sie den eig´nen Schein
und triumphiert als weise Geiß,
stolziert im Schwarzkleid kreideweiß?

Und wenn ich es genau bedenk,
wird mir Justitia zum Geschenk,
weil die Erkenntnis in mir rührt
und mich zu wahrer Weisheit führt?

Um abzuwägen, links die Hand,
zu richten, rechts, mit dem Verstand,
das Augenband, um klar zu seh´n,
ersuch ich mich in meinem Fleh´n.

November
auf dem Nonnenhof

Schwere Äcker,
tiefe Furchen,
Erde schwarz und hart.

Nebelschichten
schaffen Wände.
Bäume tarnen sich

als zig Finger,
deren Adern
wirken fein gemalt,

und sie schwinden
und verschwimmen
fern im Nebelbad.

Verbleibt, verweilt
ein nackter Pfad:
Fluch–Nonnenhofeklat.

Es paart sich gern mit Wolkenschwaden
der kalte Wind im Regen,
verhüllt in Schleier – schwer beladen –
das Land und alles Leben.

Ferien auf Hiddensee

Die See tobte und schleuderte ihren Zorn ans Ufer. Es schien, als spie sie ihr Nachtmahl an den Strand, das sich in einer Vielzahl von Algenbeeren, Seegras, Miesmuscheln und Kieselsteinen im Morgendunst zeigte. Die Brandung hatte Buchten in den Sandboden gewaschen, der einem kilometerweiten Grenzwall ähnelte. Nina stand nahe den Dünen und beobachtete das Schauspiel. Der Wind heulte jämmerlich, verfing sich in ihrer roten Sommerjacke und blähte sie zu einem Ballon, so, als wolle er mit dem zierlichen Mädel dem Möwengeschrei entfliehen. Sie kräuselte die Nase, vergrub die Hände in den Taschen der Bluejeans und tastete mit einem prüfenden Blick den Horizont ab. Kein einziges Segel, brabbelte sie vor sich hin. Wer würde dem Orkan da draußen schon trotzen können? Blauschwarze Wolkenmassen brodelten wie eine Pechlache über dem Meereskessel. Der Sturm zerfetzte sie hie und da und gestattete dem Sonnengähnen ein Blinzeln auf Land und Wasser. In dem gleißenden Licht wirkte Ninas Bubischopf wie eine goldfarbene Federhaube. Sie schloss die Augen und lauschte der Wildheit der Wogen, atmete tief und genoss die würzige Luft, während der breite Strand von Kloster die Gischt verschlang. Dabei entfaltete sich ein süßbitterer Geschmack auf ihrer Zunge, der einer schimmligen Erdbeere glich, einer Fäule, die sich rasch wieder verflüchtigte. Nina stutzte: Schmeckt so der Tod? Wer wusste das schon, außer den Toten selbst, spottete sie und wandte sich dem Heimweg zu. 'Mutter wartet mit dem Frühstück', mahnte sie sich und stapfte zum Dünenaufgang. Einige Meter davor blinkte es im Sand. Neugierig eilte sie darauf zu und erspähte eine Scherbe. Nein, es war kein gewöhnliches Glas, sondern eine Linse. Gleich daneben lugte ein Nickeldraht aus dem feinen Kies. Vorsichtig zog sie an ihm und legte ein Brillengestell frei, in dem die andere Linse klemmte. Eigenartig, wunderte sie sich, die sieht ja wie meine Brille aus. Wo ist die überhaupt abgeblieben? Erst jetzt bemerkte sie, dass sie ohne Sehhilfe unterwegs war. Rundherum, in jeder Distanz, konnte sie ihre Welt vollkommen und klar erkennen. Sie richtete sich auf, lachte und jubelte laut und verstaute den Fund in der Jackentasche, als ein schrilles Hallo über ihre Schulter gellte. Nina zuckte zusammen und schimpfte: „Himmel noch Mal!"

Verdutzt stierte sie in ein giftgrünes Augenpaar.

„Oh, es tut mir leid", entschuldigte sich der Störenfried mit weißer Mähne, dessen Anblick einer Schleiereule glich. Das Gesicht schimmerte kristallin, als wäre Salz in den Poren eingetrocknet. „Und ... was gefunden?"

„Schon möglich", antwortete Nina schnippisch.

„Ich bin Gudrun."

Nina musterte die ranke Gestalt, die barfuß wie aus dem Nichts spaziert war. Ein dunkelblaues Kleid, kurzärmelig und knöchellang, welches der Mode aus den Achtzigern entsprach, betonte ihre Blässe. Auf wundersame Weise fühlte sich Nina der Fremden vertraut. Trotzdem argwöhnte sie und dachte: ‚Meine Güte, welchem Nest ist die denn entsprungen?'

Schließlich erwiderte sie: „Und ich … bin Nina."
„Angenehm, Nina!", säuselte Gudrun, „willkommen auf Hiddensee! … Du bleibst länger?"
„Leider nicht."
„Ist das so?"
„Ja, klar. Übermorgen beginnt das neue Semester."
„Berlin."
„Woher wissen Sie?"
„Wie geht es deiner Mutter Mariana Mundson?"
„Wieso fragen Sie, kennen wir uns?"

Dichte Dampfschleier krochen über Strand und Deiche. Ein seichter Regen tränkte die Ortschaft, während der Nebel Häuser, Straßen und Plätze verhüllte und die Einwohner in Lethargie tauchte. Nina erreichte die Ahornallee, deren Kopfsteine wie unter einer Glasglocke schwitzten. Links und rechts krümmten sich Greise mit purpurnen Spitzhüten und Bärten zu einem Regenschutz. Sie wippten mit ihren scharlachroten Roben und geleiteten Nina zum alten Reed. Am Ende der Allee thronte das doppelstöckige Fachwerk als Ahnensitz der Familie Mundson, das von saftigen Wiesen, Karpfenteichen und Schilfoasen umgeben war.
Nina durchschritt die Eingangshalle geradewegs in die Küche. Der Tisch war leer und die Mutter nicht da.
„Ma - ma, wo bist du", lärmte sie und flitzte die Treppe hinauf, nachdem sie die Räume im Erdgeschoss inspiziert hatte. In der oberen Etage maunzte ihr nur der Kater zu, der sich auf dem Dielenfenster ausstreckte. Verdrießlich schlurfte sie in ihr Zimmer, entledigte sich

ihrer Jacke, nahm die Ausbeute an sich und entsann sich ihrer Brille. Sofort kramte sie in sämtlichen Fächern, Nischen und Taschen. Vergebens. Nina runzelte die Stirn und steuerte auf den Schlafplatz zu. Zuerst suchte sie auf dem Bettregal, danach im Nachtschrank und Wäschekasten und zuletzt im Bett selbst.

„Ist das die Möglichkeit?", ächzte sie. Am Kopfende ihrer Koje, unter dem Daunenkissen, entdeckte sie ihre Lektüre mit der sie Abend für Abend dem Tag entsagte. Was aber war mit der Brille? Sollte diese unauffindbar sein?

Frauenstimmen unterbrachen Ninas Gedankenfluss. Sie rannte zur Galerie und lehnte sich über das Geländer. Aus dieser Position konnte sie niemanden erblicken. Die Eingangstür fiel ins Schloss, und das Stimmengewirr wanderte in die Küche.

„Ma – ma, wenn du mich brauchst, ich bin hier o - ben", rief Nina und brauste sogleich die Stufen hinab, um Mutter und Gast zu begrüßen. Im Flur verharrte sie vor dem Spiegel, denn ihre borstige Haarwolle bog sich in alle Richtungen. Flink zupfte und strich sie die Strähnen glatt. Das dumpfe Licht, das durch die Scheibe der Haustüre drang, umschmeichelte Ninas Teint und ließ sie fahl und mager erscheinen. Nur ihre Augen funkelten, und das Blau färbte sich zu einem bunten Feuerwerk. Sie schüttelte ihren Kopf, als entreiße sie sich einem Traum, griff nach dem rosaroten Lipgloss auf der Kommode und bemalte ihren Mund. Viel besser, flüsterte sie dem Spiegel zu und küsste ihn mitten auf die Fläche. Das Zeug ist ja kussecht, staunte sie und schlich zur Küchentür. Der schmale Spalt lud zum Spionieren ein. Ein kleinwüchsiger Drall im grauhaarigen Bobtemperament saß der Mutter am Tisch gegenüber. Die Mutter hatte ihre strohhellen Locken zu einem Knoten gebunden und trug wie üblich ihren samtgrünen Morgenanzug. Beide Frauen nippten den heißen Jasmintee, der verführerisch duftete. Enttäuscht kehrte sich Nina ab und schmollte. Es fehlte das dritte Gedeck. Doch plötzlich begann die Mutter zu schluchzen. Nina hielt inne und erkundete die Lage erneut.

„Es tut mir leid, Frau Mundson."

„Mir auch, Frau Kommissarin, mir auch …"

„Nennen Sie mich ruhig Nielsen."

Mariana Mundson nickte, schwieg einen Moment lang, bis sie leise gluckste: „Bitte, Frau Nielsen, was soll ich nur machen?"

„Frau Mundson, Sie können nur abwarten."

„Abwarten? Da werde ich ja völlig meschugge. Seit zwei Tagen schon … heul ich mir die Augen aus."

„Seien Sie versichert, Frau Mundson, wir werden alles in unserer Macht stehende tun, um schnellstens Gewissheit zu haben."

„Meinen Sie etwa, das tröstet mich?"

„Bitte, beruhigen Sie sich! Ich benachrichtige Sie, sobald ich etwas weiß."

Erika Nielsen legte ihre Visitenkarte auf den Tisch: „Sollten Sie irgendetwas erfahren, rufen Sie mich bitte an!"

Nina tappte im Dunkel. Was war bloß geschehen?

Kurz entschlossen preschte sie in die Küche, an Esstisch und Kommissarin vorbei und holte zur Umarmung aus. Die Mutter reagierte nicht, stattdessen begleitete sie Erika Nielsen in den Korridor.
Nina schrie und flehte, stürmte den Frauen hinterher, die bereits den Vorgarten betreten hatten. Sie stolperte über den Flurteppich und schlug zu Boden. Sekunden verstrichen. Dann raffte sie sich auf, reckte sich in die Höhe und tänzelte wie ein Federkiel den Gang entlang. Dabei erhaschte sie ihr Spiegelbild, starrte es erschrocken an … und … verstand.

Lichtblick

Der Moder säumt den Straßenrand.
Die Kälte schleicht, der Nebel dampft
die Sprosse hoch ins Dunkelgrau.
Es schimmert trüb im Morgentau.

Die Bäume gähnen im Quartier.
Der Reif beschützt in karger Zier,
ummantelt jedes Borkenkleid,
begräbt den Tod der Schweigsamkeit.

Doch der entflieht dem weißen Store,
verkriecht sich in dem Wolkenmoor.
In ihm brodelt es unermüdlich.
Der Donnertroll zerfetzt es schließlich.

Er peitscht den Groll aus seinem Schlund
und überschwemmt den Straßengrund.
Das Firmament ist frei von Stau.
Blau schimmert es im Morgentau.

Eine Zwiebelfrucht
entfaltet Schärfe, wenn sie
zart beseidet ist.

Berührt

Es sind die Fingerkuppen
durch die sie strömt
heftig geschmeidig
ergießt sich die Flut
heiß auf meiner Haut
ein Prickeln
als Streichelkonzert
ganz unersättlich
verwöhnen sie mich zu zehnt
Aus jeder Pore die Wollust quillt

Du, mein …

Sitzend bist du nah mir gegenüber.
Purpurblaue Augen strahlen zu mir rüber.
Deine Nase bläht sich voller Gier,
peilst mich an und hast mich im Visier.

Deine Sinne hast du gut geschärft,
meine Weiblichkeit hat dich bestärkt,
lauerst schnurrend auf ein Zeichen hier,
du willst kuscheln, träumen dicht an mir.

Blitzesschnelle voller Kraft mit Eleganz
springst du auf die Schenkel – Nonchalance,
um die Nähe von mir stets zu spüren,
willst du mich mit Übermut verführen.

Angeschmiegt in sanfter warmer Enge
ziehst und schiebst du alles in die Länge.
Hungrig weilst du, ja, den ganzen Tag,
schmust am liebsten, ach, wie ich das mag.

Zärtlich streichelst du mich im Geschnurr´
mit dem Haare deines Bartes nur.
Lache schallend, Kitzel im Genick,
türme ich vor deinem Liebestick.

Und du wälzt dich lüstern in die Kissen,
brummelst leis, um mich bei dir zu wissen.
Endlich liegst du friedlich neben mir,
du, mein kleines weiches Katzentier.

Ich träume dein Lied der Zärtlichkeit.
Oh, Frühling, du mein Komplize.
Du nährst mich mit Entschlossenheit
im Leuchten der Revolutionen.

Morgenlaune

Ich gähne, strecke und räkle mich wie ein Kätzchen beim Erwachen auf der warmen Ofenbank. Sogleich schweift mein Blick auf die Fensterfront, um die Wetterlage zu erspähen. Verschneite Ziegeldächer nicken mir zu, während sie gemütlich ihr Pfeifchen rauchen. Ich reibe mir den Schlaf aus den Augen und entdecke dunkelgraue Schleier am Horizont. Ich schmolle und ziehe mir das Federbett über den Kopf. Am Fußende lugen meine Zehen hervor, und ein kühler Hauch streift sie. Wie unangenehm. Geschickt verhülle ich sie in das zu kurz geratene Bettgefieder.

Der Winter hat sein Haupt über die Erde gesenkt und streichelt sie mit seinen eisigen Händen. In der Nacht hinterließ er mir einen weißen Blumenstrauß. Blüten und Blätter in verschiedenen Formen zieren die unteren Glashälften der Fenster. Ich betrachte sie genauer und erkenne liebliche Gestalten darin, die ihre Gewänder wie Schlingpflanzen miteinander verweben. Es ist, als tanzten sie. Sie winken mir zu, um mich einzuladen. Ich schmunzle und versinke im Dreivierteltakt im Land der Eisfeen. „Rechts zwo drei, links zwo drei", zähle ich und summe dazu eine Walzermelodie. Vergnüglich drehe ich mich und schlittere als Eiskönigin über das Parkett.
Plötzlich knallt es. Heftige Windböen stieben Schnee vom Dachgiebel und schleudern ihn gegen die Außenscheiben, als wollten sie sagen: „Lass mich ein!" Ein kalter Schauer kriecht mir vom Nacken den Rücken entlang. Ich friere, obwohl mein Nachthemd aus Wolle ist, und zupfe an der Daunendecke, als könne ich sie vergrößern. Dann rubble ich mich an meinen

Oberarmen, deren Haut an ein gerupftes Huhn erinnert. Dabei beobachte ich das Schneetreiben, meckere und fordere den alten Griesgram auf: „He, gib endlich Ruhe!" Er aber tobt und wirbelt umher wie ein Possenreißer, dass es mich bangt.

Ich beäuge die Holzrahmen, die sich der weißen Farbe fast vollständig entledigt haben. Sie wirken morsch, und dennoch trotzen sie dem Sturm. „Gardinen!" rufe ich, als wäre das Wort eigens für mich eben erst erfunden worden. „Oh ja, aus festem Leinen", ergänze ich und seufze bei dem Gedanken, dass die Vorhänge längst überfällig sind. Wie ich diese Staubfänger verabscheue. „Nur diesen einen Winter", überstimme ich mich. Außerdem schliefe ich besser, weil sie den Lärm dämpfen. Schließlich ist er ein weiteres Übel. Nagelneue Fenster sind sowieso die bessere Wahl, denn gerade der Morgenverkehr reißt mich zu zeitig aus den Träumen.

Sofort versetze ich mich in den Augenblick zurück, bevor das Leben in der Stadt zu pulsieren beginnt. Ich höre den Klang der Stille. Sie tönt wie tiefes Atmen, zeit- und grenzenlos. Im Gefolge singen leise die Sirenen. Sie geleiten mich in eine Sanftmut, bis sie nach und nach im Dämmerlicht verstummen.

Das Morgengrauen hat keine Langeweile. Bald verliert es sich im Gefecht des Tages, das einem Angriff gleicht und nur Hast und Getöse hinterlässt. Dagegen können auch die Lindenbäume nichts ausrichten, die wie Soldaten in Reih und Glied auf den Bürgersteigen und Mittelstreifen des Fahrdammes wachen. Tapfer starren sie mit kahl geschorenen Köpfen in die Höhe. Seit vielen Tagen tragen sie ein einziges Hemd, gefrorenen Schnee. Die Dürre zog sie in den Winterschlaf.

Im Frühjahr verwandelt sich die Kompanie zu einer fröhlichen Meute. Pastellfarbene Käppis schmücken ihre Gesichter. Ihre

Leiber wiegen sich in Uniformen und verstecken sämtliche Geschäftigkeiten darin: wie das Geschrei von Schulkindern, das Zetern der Weiber, das Fluchen von Mannsbildern sowie das Rattern der Straßenbahnen. Sogar der Gestank von brummenden Lastkraftwagen, Bussen und Autoschlangen findet Platz unter den grünen Röcken. Stattdessen füllt sich die Luft mit dem Duft des süßen Nektars der Akazien- und Lindenblüten, frisch geschnittenen Grases und gerösteter Kaffeebohnen.

Bei Tagesanbruch trällert und zwitschert, gurrt und pfeift es in den Vorgärten der Mietshäuser, bis endlich der erste Sonnenstrahl über die Zinnen lugt. Es scheint, die Sonne ertastet mit ihren Fingern die Gebilde der Stadt, als prüfe sie Ecken, Kanten und jeden Winkel. Sobald sie zufrieden ist, taucht sie die Welt in goldenes Licht.

Hingegen jetzt sieht es überall grau und trübselig aus wie der verschmutzte Schnee auf den Gehwegen. Der Frost hat Eisbahnen daraus gemacht und drängt die Passanten in die Stuben. Auch ich habe keine Lust, einen Fuß vor die Türe zu setzen, geschweige, überhaupt aufzustehen.

Träume schlüpfen erst per Frühausgabe,
sprechen wortlos Lob und Leid,
verstummen, töten die Begeisterung.
Eine stille Kleinigkeit?

Impression

Ein jeder Ast schmiegt sich im dicken Pelz,
umhüllt als weißes Winterkleid.
Es wärmt sogar den kleinsten Zweig
und jene Wurzeln tief im Erdenreich.

Geschmückt die Landschaft - kristallin,
in sonderbaren Tüchern aufgebahrt,
wie Diamanten ruht das Eis im Schnee.
Es scheint, die Lebenskräfte sind erstarrt.

Doch manches trügt des Menschen Geist.
Die Dinge, die sich offenbaren,
sind niemals die im Raum der Zeit,
nur weil sie sich im Licht erfahren.

Denn auch das Feuer brennt im Eis.
Es lodert heimlich vor sich hin.
Verheißt es reine Lauterkeit;
die Illusion, sie schmilzt dahin.

Die Bäume blitzen wie geputzt.
Sie aalen sich im Sonnenbade.
Dann zieh ′n sie ihre Kleider an.
Es liebt der Lenz die Gard ′robiere.

Erst Istanbul und dann April

„Brrrr ... ", schüttle ich mich, als hätte ich in eine Zitrone gebissen. Mich fröstelt es. Ein kühler Luftzug schleicht über meinen Nacken; wie ein Kragen umschlingt die Kühle meinen Hals und erstreckt sich Stück für Stück bis zu den Zehen. Ich sitze im Armlehnstuhl unseres Arbeitsstübchens und habe mich in Peters Kuscheldecke eingewickelt. Die Heizkörper bullern, dass sie ächzen. Ich beuge mich über das Schreibpult, stütze die Ellenbogen darauf und spiele an den Ohrläppchen.
‚Oh je, die glühen ja. Hab ich Fieber?' Sofort ertaste ich Kinn und Nase.
„Och, nee, das fehlt mir gerad noch!", schmolle ich und zittere, zittere im Halbdunkel des Zimmers vor meinem Bildschirm und warte bis der alte Maschinenkumpel einsatzbereit ist. Es dauert immer ein bisschen. Endlich meldet er brav: „Sie haben Post."
Ich klicke auf das Briefsymbol. Unterdessen schweift mein Blick durch den Raum zu den Fenstern.
Draußen verteilt die Sonne Wärme an die Welt und küsst die Fensterscheiben blank. Sie liebkost das hohe Mauerwerk mit dem grauen Ziegeltoupet und umgarnt die schwarznarbige Borke des einzigen Kastanienbaumes davor. Wie unersättliche Langfinger gieren seine kahlen Äste nach der blauen Weite. Schade, mich spart das Fräulein aus. So starre ich auf den Monitor und sehne mich nach Streicheleinheiten.
„Brrrr ... ", bibbere ich, dass meine Zähne klappern. Drum ziehe ich die Decke über die Schultern und male

mir aus, mich in meine dicke Wolltunika zu hüllen, um auf den Frühlingswiesen des Stadtparks entlang zu bummeln und einen ‚Einspänner' im ‚Allbrecht' zu genießen.

Hoppla, was ist das? Der Wind prasselt gegen die Fensterläden, und ich zweifle, ob mein Vorhaben das richtige ist. Also verwerfe ich die Idee und denke an ein wohltemperiertes Wannenbad mit Aromaölen, die mich in Wallung brächten.

„Och nee, krank bin ich", quengle ich, „krank nach dir!", und blicke auf den Schirm, dessen Maske eigenartig flimmert. „Nee, doch nicht du", maule ich.

Prompt stürzt das digitale Wunder ab. Ich schalte es aus, ich schalte es ein und warte ...

Und tatsächlich, der Brummkopf läuft an. Erneut schreibe ich mein Passwort.

„Sie haben Post", erinnert er mich.

In diesem Moment klingelt es an der Wohnungstür.

„Keiner da!", trotze ich und wünsche mich zu meinem Peter nach Istanbul. Wehmütig ergreife ich den Silberrahmen auf dem Schreibtisch und betrachte unser Hochzeitsfoto.

Dann klopft und klingelt es im Wechsel, laut und stürmisch. Ich murre und eile, öffne die Tür und rufe: „Peter, duuu?"

„Ja, April, ich habe doch keinen Schlüssel", umarmt er mich und fispert, „ Aprilchen, mein Liebes, wie gut, dass du meine Nachricht gelesen hast."

Ja, dann ...

Wenn der Siebenschläfer sich im Bette wälzt, kitzelt längst der Sommer seine Fersen. Er lauert, um Nasen, Augen, Zungen und den Verstand unter seinem Reifrock einzulullen. Wilde Rosen, Klatschmohn und Kornblüten verzieren, nein, übersäen die üppigen Rüschen und Bordüren, deren Sinnlichkeit alles Lebendige reizt.
Ja, dann, dann wird es ...

Des Sommers List verführt zu Müßiggang, entführt in flimmernde Gefilde, die sich gestaltbildend zu Honigflüssen entfalten. Es entströmt Neues, formt sich zu scheinbar exotischen Gespinsten, die erwachen im urerdigen Atem und danach japsen, die Ekstase zu spüren, um sich endlich, leiblich, gütlich zu tun.
Ja, dann, dann ist es ...

                                  ... paradiesisch schön.

Zur Rettung der Welten

Einst wohnte unterm Rasen ein alter Erdgevatter,
stets wendig und mobil wie eine Ringelnatter.
Den zarten Leib im Kleid wie Wolkenwattebausche
erlausche ich partout als Höhlenerdgerausche.

Auf sattem Grün die Hügel, - es treffe mich der Schlag! -
das ist mein Rasengarten, den ich doch englisch mag.
So holprig – miniature - gleicht er dem Schichtgebirge.
Du, Erdwurm, gib nur Acht, dass ich dich nicht erwürge!

Alsbald ich träumend sitz vor meiner hölzern Laube
erscheinst du Quälgeist mir, dass ich es nimmer glaube.
Mit deinem schwarzen Pelz, dem Seidenlodenmantel,
bezirzt du mich gar fesch im Liebestöngebandel.

Ich lasse dich gewähren, beziehe Position.
Dein Anblick, Erdgevatter, ist mir jetzt reicher Lohn,
auch wenn die Nachbarn spotten.
‚Vergeltung', lechzt ihr Sinn.
Kein Blut mehr auf der Erde, den Welten zum Gewinn!

Von Frau zu Mann

                Ich
repariere
                    schnüre den Schmerz
                                        Geschirr ohne
                                                    Teller

                                              Plastikband
                    Flimmer   schlingert
Unbändige
                                                                  von Verdacht
                                                                               zu
                                                                        Irrtum

                           Kühlschrankgewitter

**Mann spricht
anders, als
Frau denkt**

„Ein Mann, ein Wort",
so fährt er fort.
Das Weib gar still
verstehen will.
Sie folgt partout
dem Redefluss.
Der Dialog
noch warten muss.

Sie nickt, er spricht
im Affenzahn,
und eigentlich
ist sie mal dran.
Bei weitem kommt
sie nicht zu Wort.
Sein Redeschwall
sprengt den Rekord.

Wenn Männer auch,
weil sie dann leiden,
im Sprachgebrauch
Diskurse meiden.

Im Monolog
drum ungestört,
der Redner sich
gern selber hört.
Geduldigkeit
trifft auf den Groll.
Die Nerven blank,
das Maß ist voll.

Ein Streit entfacht.
Es kollabiert
zum *Brüll-dich-an,*
ganz ungeniert.
Des Weibes Wort,
dem Manne seins
vor Wut verschluckt
hat keiner eins.

Ein Silberfaden tränkt in Hoffnung,
obgleich Erkenntnis davor warnt.
Ist´s Neugier oder Irrsinn?

Wieviel

Wieviel Worte sind gemacht?
Wieviel Tränen schon vergossen?
Wie oft flehte ich bei Nacht?
Ach, die Zeit, sie ist verflossen.

Wieviel Lieb hab ich gefunden,
und wie oft ging sie verloren?
Manchmal nur in ein paar Stunden,
denn aufs Neu wird sie geboren.

Wieviel Demut hab´ erfahren?
Wieviel Trauer ist im Spiel?
Und dem Glücke nachzujagen,
bleibt es stets das einz´ge Ziel?

Wieviel Fragen werd´ ich fragen?
Wie und was, weshalb, warum?
Werd´ ich Antwort darauf haben?
Rund herum bleibt alles stumm.

Der Rabe

Ein Rabenvogel auf dem Dach
in schwarzer grauer Federtracht
hält auf dem roten Giebelspitz
auf einem Bein den Schläfersitz.

In Perlen eine Elster steckt
und tänzelnd diesen Raben neckt.
Ihr Kleid ist prächtig an zu seh´n.
„Lobpreise mich!", lässt sie versteh´n.

Der Rabe wohl im schicken Frack
sieht weder Perlenschmuck und Lack.
Er regt nicht Kopf noch Augenlid,
er leiht kein Ohr dem Störenfried.

Die Elster wahrlich sehr pikiert
wird sie doch gänzlich ignoriert.
Entflammt vor Zorn fliegt sie davon,
weit hoch hinaus, fast bis zur Sonn.

Der Rabe ruht und hält nicht Wacht.
Es schleicht sich jemand leis und sacht
im Schritte groß mit dem Vermerk:
Zu einer bösen Tat ans Werk.

Ein stechend grünes Augenpaar
aufs Korn genommen, hält es starr
aus einer Ecke des Reviers,
die Beute dieses Katzentiers.

Jetzt lugt es hinterm Schornstein vor.
Aus diesem steigt der Rauch empor.
Der Rabe, völlig unbedacht,
ist plötzlich aus dem Schlaf erwacht.

Mit einem großen kräft'gen Satz,
den Raben packen will die Katz.
Der aber hat sich wild erschreckt,
dass er im Fluge sich entdeckt.

Ein Graus der argen Katzenlist.
Die Taktik hier verdorben ist.
Des Raben Glück hier Einzug hält.
Der Sieg der Katze ist vergällt.

Und die Moral dazu ist schlicht:
In uns züngelt ein Warnungslicht.
Wir lieben die Vernunft, wie wahr,
und fordern dennoch die Gefahr.

Opfere Zorn und Angst!
Töte deinen Jammer!
Ein Krieger
kann der Welt heiter
seine Perspektive verleihen.

Kein Versuch bleibt ungesühnt

Herr S., ein Mann in den besten Jahren, sehnte sich nach Veränderungen in seinem Leben, doch vor allem im Beruf, der ihm finanziell ein prächtiges Einkommen und ein einträchtiges Auskommen mit seiner Ehefrau bescheren sollte. In seinem bisher schöpferischen Tun nahm er deshalb viele Anläufe.

Er studierte tagein, tagaus die Angebote der Festanstellungen in den Tageszeitungen, die zwar seinen beruflichen Qualifikationen entsprachen, nicht aber seinen Lebensjahren. Also beschloss er, sich einmal mehr als Selbstständiger in der Arbeitswelt zu behaupten. Dabei orientierte sich sein ganzes Denken und Streben an nur einem Satz: Versuchen, versuchen und nochmals versuchen!

Kaum widmete sich Herr S. seiner Karriere, zeigte er sich tatkräftig wie ein eingefleischter Vollblutunternehmer. Nach einigen Wochen verspürte er Mühsal, denn seine Geschäfte gestalteten sich hinderlich und verliefen zäh. Es folgten Missernten. Und Monate danach hatte sich der Misserfolg wie ein altvertrauter Kumpel in das Leben des fleißigen Mannes eingenistet. Verbittert kritisierte er an allem und jedem die vermeintlichen Fehler.

Eines Tages besuchte er seine langjährige Freundin und ihren Sohn. Während sie gemütlich beim Kaffeetrinken saßen, klagte er über die widrigen Umstände seiner Situation.

„Ich hab´s versucht. Was habe ich falsch gemacht?", jammerte er fortwährend.

Plötzlich klatschte er in die Hände, als jage er den Jammer aus Mund und Zimmer; er reckte und schüttelte sich, als entledige er sich von Kummer und Last.
„Was soll´s!", rief er enthusiastisch aus, „Neues Projekt, neuer Versuch!"
Der Elfjährige sah den Freund seiner Mutter verdutzt an und fragte: „Aber ... wieso versuchst du´s immer nur?"
Was soll ich sonst tun?", erwiderte er und musterte den Halbwüchsigen argwöhnisch.
Dann schürzte der Junge die Lippen und sagte: „Stell dir vor, du versuchst zu leben, ... und dieser Versuch misslingt, ... dann ... bist du ja tot."

Unbekannter Schauer beißt mich
Wiewohl schläft er in mir
Der Hunger
Bruder der Fülle
Vater des Kriege(n)s

Monumento Vittorio Emanuele II

Dem gleißenden Marmor
zittern die Lider.
Spiegelblitze
die dem Applaus
entrücken.
Futuristisch,
weißer als weiß,
ragt er wie ein
Eisberg ins Blaue.
Die Sonne wärmt
sein schütteres Haupt.
Die Schmelze tropft
und glättet die Mauer.
Die Macht Emanueles
ist seit langem geschwunden.
Die Pilger bedauern.
Die Pilger bewundern.
Die Pilger munkeln,
bekunden dreist:
Hinter den Säulen
sei angereist
ein Ungeheuer.
In steter Lauer,
es throne
erhaben
über dem Greis.
Und mit der Schwinge
des Sieges,
das Zepter als Plan,
strebe es züngelnd
im Glaubenswahn
nach einem irdischen Königreich.

(Inspiriert von „IL MONUMENTO – Das Weiße im Auge " - Susanne Hanik)

Hohn und Dornen
bedrohen die Stimme der Herrschaft
beflügeln das Ende ihrer Zeit
Ausruf zum Sieg

Was Namen bedeuten können

Mein lieber Herr S,

Ihren Namen zu sprechen, ist mir erschwert.
Doch ihn zu enträtseln, ob sich das bewährt?

Nun ja, überdenk ich, will es probieren
das Buchstabieren, obgleich Sie ´s monieren.

Ein Unterfangen, Sie werden verzeihen,
sollte ich wahrlich den Namen entweihen.

S z ist das Schlusslicht des Wortes *Heiß*.
C z spricht sich *Sch* – ohne *W* und dem *Eiß*.

Das **E** entspricht einer edlen Essenz,
P der Perle als Pinot Grigio kredenzt.

R passt zu Rinaldini - der Großmagier,
er schüttelt Martini und rührt ihn zu Bier.

Dann wird ein **O** gestaunt, gehaucht zelebriert,
M s auf der Kreuzfahrt – vom Sturm manövriert.

K i ke ri ki kräht der Hahn mit Manneslust,
es schwillt ihm der Kamm, der Henne die Brust.

Ein Schmunzeln, mein Lieber, gebettet im Reim,
auf Daunen zu schweben, ermuntert mein Sein.

Und weiter sortiert die Letter mein Mund,
ertrinken die Silben im Zungengrund.

Dann formen, erheben sie sich zum Bild:
Ein Ritter mit Rüstung, gehämmertem Schild.

Das Schwerte geschmiedet, gefaltet zu Stahl.
Ein Schriftzug verziert den Schaft wie ein Mal.

Damit ich ´s entziffre – in einem Stück,
das Lesen, mon cher, meinem Auge missglückt.

Drum bleibe ich besser beim kurzscharfen S,
verspricht es uns beiden ein sinnliches Fest.

Ich grüße Sie herzlich, mein lieber Herr S,
Ihr Loreleilinchen, die kesse Prinzess.

Mit einem Wortgefieder,
diesseits,
hauchst du lautlos,
Vertreter, du, des Jenseits,
deine Quelle,
sodass ich frage:
Woher entspringt
der wahre Geist?

Die Metamorphose eines Fädchens

Ein Fädchen
wurde grad geboren
aus Lettern
ersonnen
zu Silben
gesponnen
verwoben
im Netz der Gedanken
noch einsam
und nackt auf Pergament
ziert dieses
Schnürchen
links oben
den Anfang
im Lauf erst
bestimmt es den Rahmen
um weiter
in Schnelle zu wachsen
erfüllt es
im Titel
die Zeile
und Maschen
entwickeln
ein loses Gebinde
ein Geflecht
mit Ösen und Haken
Ein Fädchen?
Ein Faden
durchschlängelt
das Korsett
webt Silben
zu rhythmischen Worten
so biegsam
räkelt sich die Muse
vollendet
diese Form
ästhetisch
dicht und fein
enthüllt sie
einen Strumpf im Seidenreim

Die Lesung
Der Abend, der alles veränderte

Der Vorleser beendet seinen Satz, während der ganze Saal schallend lacht. Tosender Applaus im Babylontheater. Sein Klang schwebt im Dunkeln über den Köpfen des Publikums zu den unbesetzten Rängen hinauf und nimmt dort seinen Platz ein. Das Bühnenlicht lässt einen Moment lang die wohlwollenden Gesichter der Zuhörer erahnen, bis der Vorleser sich dankend verneigt und die Scheinwerfer erlöschen. Saalbeleuchtung erhellt die Menschenmenge, die zu Ausgängen und Büchertischen strömt, und ich bin mittendrin. Ich beobachte das Geschehen und überlege, das Kino zu verlassen oder ein Buch für die anschließende Signierstunde zu erwerben. Doch die könnte andauern, denn die Zahl der Interessenten wächst rasant an. Dabei fällt mir auf, dass nur weibliche Fans sich nach Lektüre und Autogramm verzehren.

„Nur noch Drei vor mir", atme ich auf und beäuge die Innenarchitektur des Theaters. Sie ruht in Sachlichkeit, und ich genieße das Ambiente. Ihre schlichte Eleganz lenkt alle Blicke auf die Kunst, deren glanzvoller Auftritt Hochmut als auch Gleichgültigkeit ins Abseits drängt. Ich fühle mich ihr verbunden und spüre eine gewisse Betroffenheit. Hat sie mich ertappt?

Unruhe steigt in mir auf. Nur noch zwei Frauen vor mir, die ich unwillkürlich betrachte; sie schmeicheln dem Literaturgenie und kokettieren ungeniert. Wie gut, dass das

Pult dazwischen steht. Endlich bin ich an der Reihe: „Guten Abend."
„Hallo, ich kenn Sie."
„Ich kenn Sie auch", plappere ich wie ein Papagei. Ich bin überrascht, nicke freundlich und reiche ihm das Buch: „Bitte, für Doreen."
„Mit einem e?"
„Doppel e, bitte."

Er signiert die erste Seite nach dem Klappentext, rückt sich die Brille auf der Nase zurecht und legt das Buch zurück in meine Hand. Sein Lächeln, von geheimnisvoll seltsam bis verschmitzt charmant, ermuntert mich, noch einen Augenblick zu bleiben, obwohl hinter mir die Dame demonstrativ hüstelt.
„Geben Sie weitere Lesungen in Berlin?"
„Leider nicht. Doch für Sie, ... bestimmt lässt sich da etwas arrangieren."
Ich griene und wiederhole: „Bestimmt."
Er mustert mich. Verstohlen schaue ich auf den Federhalter, den er zwischen Daumen und Finger jongliert.
„Danke, für den unterhaltsamen Abend", zirpe ich und bemühe mich, lässig zu wirken, um meine Verlegenheit zu überspielen. Ich kann nicht umhin, ich flirte, in dem ich meinen unwiderstehlichen Wimpernaufschlag in Szene setze und verführerisch raune: „Alles Gute für Sie."
„Für Sie auch, D o r ee n."
Beim Aussprechen meines Vornamens rollt er eindrucksvoll das ‚r', als wäre er ein gebürtiger Ire, um nur das ‚i', wie bei einer Harmonika, weich ausklingen zu lassen.

Nach einem kurzen Schweigen schmunzelt er und sagt: „Auf Wiedersehen."

Ich erröte, gluckse ein „Ja, vielleicht", wende ich mich ab und eile davon. Im Foyer erfasst mich ein süßer Schauer; er kribbelt den Rücken rauf und runter und liebkost Hals und Wangen, unterdessen ich die Widmung lese:

Für Doreen! Ich kenn Sie!

Beschwingt laufe ich in die Nacht hinaus, biege links in die Hirtenstraße, erfrische mich an der Kühle und bewundere den klaren Septemberhimmel. Hinter diesem schwarzblauen Vorhang lugt der Abendstern hervor, das unverkennbare Glitzern der Venus. ‚Was für eine Vorstellung', durchfährt es mich. Ich nähere mich dem Seiteneingang zur Studiobühne des Babylon´. Der Schaukasten daneben ist jetzt grell beleuchtet. Amüsiert denke ich zurück, als ich auf dem Wege zur Lesung war. Die Zeit drängte mich: „Sei ja pünktlich, Doreen, es ist freie Platzwahl!"

Meine Absätze hämmerten den Bürgersteig entlang, bis ein großer Mann im dunkelgrauen Anzug aus jenem Eingang trat. Der verwegene Haarschopf unterstrich seinen schelmischen Gesichtsausdruck. Die Hände vergrub er in den Hosentaschen, als er gedankenverloren den Kopf senkte und mir entgegen schlenderte. Er lächelte, da er mich erblickte: „Guten Abend."

Ich strahlte ihn an, während mein Schritt sich verlangsamte: „Guten Abend; geht es hier zur Lesung?"

„Nein, das ist der Bühnenaufgang. Außer, … Sie wollen zur Bühne?"

„Nicht heute", antwortete ich, beschleunigte und rief über die Schulter: „Irgendwann, ... bestimmt."

Zufall
Fall(e) zu

Um dem Feld
den Zufall zu entreißen,
besinn ich mich der Zeit
im Hier und Jetzt.

Aktion verlangt nach Reaktion,
wie Ursache die Wirkung.
Bewusstheit
ist einzig mein Bestreben.

Erkenntnis und Wahrheit
als Urquell in mir,
der die Illusion besticht.
Unbestechlich - schier.

Ich folge diesem Plan.

Wirkungsvoll und ursächlich.
In Folge fällt in diesem Fall,
und auch im Zweifels Falle,
genau der Fall zu mir.

Stelldichein …

Willst de mit ma schwofen jehn?
Ick kenn da wat, det is janz schön.
Nennt sich Tasso, liebe Lies,
is 'ne Kneipe hier im Kiez.

Ach, da könn wa beede quatschen,
Kaffe schlürfen, - und de Spatzen
picken sich de Kuchenreste
von de Teller. Nur det Beste.

Und de Molle hat 'ne Blume,
schäumt uff Bio in de Tulpe.
Liebste Lies, det prickelt schön,
lass uns beede schwofen jehn.

Und es jibt da Kürbismöhren-
Quittensuppe, und det schwören
alle, die dort sind zu Jaste,
uff de jelbe Currypaste.

Und im Tasso stehn Rejale
voll mit Bücher – antiquare.
Käseblätter, Löckchen drehn,
Mensch, kleen Lieschen, det wär schön.

Und am Abend spielt Musike,
dazu johlt de Jazz-Ulrike.
Die kann flöten, pfeifen, surren,
lässt de ollen Seelen schnurren.

Liebe Liese, ziehn wa fein
durch den Kiez von Friedrichshain,
um jemeinsam auszujehn?
Ach, wie wär det mit dir schön.

Liebesgeflüster

Sag, was an dir ist,
dass ich dich so sehr liebe?
Sind es die Hände,
die ich zärtlich spüre?

Sind's deine Augen,
die allerlei verraten?
Wie Veilchen blühen sie
im Sommergarten.

Deine Lippen schwellen,
heiß sind sie im Kuss.
Eine Berührung weich,
dass ich schmelzen muss.

Dein Atem ist es,
ewig scheint er mir vertraut.
Sein Duft betört mich,
beseidet meine Haut.

Sag, was an dir ist,
dass ich dich so sehr liebe?
Die Sehnsucht deiner Seele
birgt Schatten meiner Triebe.

Nichts als Worte

Worte viel, so viel von dir.
Worte viel und doch so leer.
Worte fein zu Garn gesponnen
Wörterfluss, er ist zerronnen.
Worte liegen Stein auf Stein,
hoch getürmt, es trügt der Schein.
Worte schön zum glücklich sein.
Worte bös, die Welt stürzt ein.
Wörterschwall im Widerhall.
Worte, Worte da und hier.
Schweig jetzt! … Still!
Kein Wort von dir!

Einfach unglaublich

Fast geräuschlos glitt der letzte Nachtzug aus der Halle. Der Bahnsteig war leer, bis auf einen einzelnen Mann. Er hatte sich eine Zigarette angezündet und starrte dem Zug nach, dessen rote Schlusslichter rasch kleiner wurden. Mark zog kräftig an seinem Glimmstängel. Die Stille verschluckte das Knistern der Glut und überließ dem Bahnhofsgewölbe den Rauch. Mit dem Sakkoärmel wischte er sich den Schweiß von der Stirn und raufte sich die Haare, die den roten Borsten eines Straßenbesens glichen. Er stampfte auf den Steinboden und fluchte: „Verdammt nochmal!"

Der Lärm schepperte über die Flur gegen Glasmauern und entfachte einen Widerhall. Mark schimpfte vor sich hin: „Verflixt! Wie komm ich rechtzeitig nach Paris?" Langsam schritt er den Bahnsteig auf und ab, schnipste die Kippe aufs Gleis und knurrte: „Ausgerechnet mir muss das passieren. Was mach ich bloß?"

Während er grübelte, schlug er unablässig die Faust in die Handfläche. Es gab nur eine Lösung: Also schnappte er sich seine Koffertasche, lief die Rolltreppe hinunter und trat in die warme Sommernacht. Als er den gläsernen Giganten hinter sich gelassen hatte, fuhr ein Taxi zum Haltepunkt ein. Sofort winkte er dem Chauffeur. Eine kleine rundliche Frau watschelte dem Auto entgegen, sodass Mark brüllend über den Damm flitzte: „Halt, das ist mein Taxi!"

„Wat bilden Se sich ein? ... `ne janze Stunde steh ick mir de Beene platt, fährt doch nüscht mehr in der Hauptstadt, ... streiken tun se ... und det wieder Mal ab Mitternacht."

Ohne sie zu beachten, flehte er den Fahrer an: „Ach bitte, ich muss unbedingt nach Paris."

„Und ick ... nach Jerusalem", plärrte das Frauenzimmer.

Mark drängte sich zwischen den Benz und das Moppelchen. „Ach bitte, gute Frau, morgen Mittag heirate ich, und zu allem Unglück habe ich den Zug verpasst."

„Erst woll ´n Se nach Paris ... und jetzte och noch heiraten? Wat wolln Se mir denn noch uffbinden?"

„Nein, wirklich, ... ich heirate in Sainte Chapelle."

„Wat für ne Schapelle? ... Wie och immer, ... Se wolln doch nur de enzje Taxe."

Der Benzbesitzer rückte sich den Filzhut zurecht, kraulte seinen Spitzbart und sagte: „Junger Mann, lassen Sie es gut sein. Nach Paris, ... das wird nichts."

„Auch dann nicht, wenn ich Ihnen die Tour doppelt zahle." Mark blickte ihn verzweifelt an.

„Und icke? Ick muss doch och nach Hause", empörte sich das Weibsbild. Ihr draller Leib mit den zu kurzen Armen und Beinen und dem grimmigen Gesicht entpuppte sich zu einem Bullterrier im Afrolook.

„Selbstverständlich teilen wir uns das Taxi. Wohin müssen Sie? Liegt doch sicher auf dem Weg."

„Frankf..."

„Schluss jetzt!", unterbrach der Alte den Redefluss. „Vorausgesetzt ich kutschiere Sie nach Paris, dann nur für den dreifachen Peis!"

Mark überlegte, räusperte sich und willigte schließlich ein.

„Jungchen, meene Rechnung, die zahlen Se och! Sonst könn Se sich de Taxe knicken", bellte sie bissig.

Er sah den Chauffeur verwundert an. Dieser zuckte mit den Schultern und erwiderte: „Das müssen Sie schon mit ihr klären."

„Na, wat is denn nun?", zupfte sie Mark am Jackett.

„Ist ja schon gut. Einverstanden. Und … wohin müssen Sie nun?"

„Frankfurt!"

„Frankfurt? … An der Oder?"

„Jungchen, helle biste och noch", duzte sie ihn und wandte sich dem Taxi zu.

Mark schnaubte ihr verächtlich hinterher. Aber dann dachte er an seine Braut und murmelte: „Hauptsache, ich bin rechtzeitig in Paris."

Unterdessen wurschtelte sich die Dicke durch die Autotür. Kaum sank sie in das Rückpolster, knallte es wie ein Feuerwerk in die Nacht.

„Was war das?", blickte Mark erschrocken um sich.

„Steigen Sie besser auch ein", empfahl der Taxifahrer und verstaute den Rest des Gepäcks im Kofferraum.

Plötzlich detonierte es. Eine Druckwelle schleuderte Mark rückwärts auf die Straße. Völlig benommen rappelte er sich auf und suchte Schutz im angrenzenden Wartehäuschen. Der Alte hatte sich an der Kofferraumhaube festgekrallt und sprang neben der Wagentür in Deckung. Die Frankfurterin schrie und umklammerte den Vordersitz, als der Diesel in einem Satz nach vorne preschte.

Es brannte im Bahnhof. Flammen umzüngelten die Mauern. Menschen kreischten und stürmten auf die Straße. Explosionen folgten im Sekundentakt. Die riesigen Fensterfronten platzen und stürzten in die Tiefe.

Signalhörner ertönten aus der Ferne, und bevor Mark einen klaren Gedanken fassen konnte, waren Feuerwehrmänner, Sanitäter und Polizisten im Einsatz.

Er entdeckte sich inmitten des Tumults wieder und taxierte die parkenden Autos um sich herum.

„Wo ist der Benz?", stammelte er vor sich hin, als er durch das Gemenge auf dem Bahnhofsvorplatz hastete, in der Hoffnung, das Taxi in eine der Anrainerstraßen aufzuspüren.

Ohne Erfolg. Dann verharrte er, fassungslos, minutenlang, und griff nach der letzten Zigarette. Dabei stutzte er: „Verdammt, das Geld!"

Das Inlett des Sakkos war leer und seine Kehle wie zugeschnürt. Sein Herz flatterte, einem Kolibri gleich. Zittrig, in mechanischen Bewegungen, tastete er nach den Geldscheinen in Hosen- und Jackentaschen.

Er fand nichts, außer der Fahrkarte zu seiner Hochzeit, die ihm geräuschlos aus den Fingern glitt.

Abschied

Ja, gestern
wehte noch ein lauer Wind.
Ein breites Lächeln wollte er von mir ergaunern.

Und heute
trauert meine Seele,
denn kalte Windesschleifen umschlingen meine Augen.

Sie tränen.
Tropfen laufen. Es zieht mich hin
ins Strahlenrund, wo schützend es mein Selbst betucht.

In seinem Feuermund,
dort spuckt die Hitze ewig noch;
und sie verschluckt die alte schwere Sehnsucht,

die mich beherrscht
seitdem ich bin, einst war und wieder werde.
In mir entsteht ein neuer Sund, dem ich mich
                                            zögernd beuge.

Ausblick
Einblick
Loslassen

Schnee auf dem Dach
Reste zieren das Zinn
Sterneschaften
als Gebärden der Nacht
Gestalterin
bizarr heller Schatten
Weltliche Schmach
zieht stumm ins All dahin
Ohne zu hasten
eilt mein Blick winkend nach